The Café by Akerselva: Bilingual Norwegian-English Short Stories for Norwegian Language Learners

Coledown Bilingual Books

Published by Coledown Bilingual Books, 2023.

While every precaution has been taken in the preparation of this book, the publisher assumes no responsibility for errors or omissions, or for damages resulting from the use of the information contained herein.

THE CAFÉ BY AKERSELVA: BILINGUAL NORWEGIAN-ENGLISH SHORT STORIES FOR NORWEGIAN LANGUAGE LEARNERS

First edition. September 26, 2023.

ISBN: 979-8223837718

Written by Coledown Bilingual Books.

Table of Contents

Kafeen ved Akerselva

Det var en tidlig vårkveld i Oslo, da solen glitret på Akerselva og kafeen ved bredden badet i et gyllent skjær. Høsten og vinteren hadde vært lange og kalde, men nå, endelig, var våren kommet til byen. Det var i denne forfriskende årstiden, under den milde nordlige solen, at livet i den lille kafeen ved elven blomstret på nytt.

Kafeen, som hadde blitt døpt "Elvekanten" av de faste gjestene, var kjent for sin uovertrufne atmosfære. Møblene var gamle og slitte, men de hadde en egen sjarm som kunne sammenlignes med vintage bøker. Veggene var dekket av malerier av Oslos gamle kvartaler, skapt av lokale kunstnere som elsket byen like mye som de elsket kunsten sin.

Eieren av Elvekanten, fru Johansen, var en vennlig og livlig kvinne med en forkjærlighet for å servere nystekte bakverk og kaffe brygget med kjærlighet. Hennes smil var like varmt som kafeens vedovn, og hun hilste alltid gjestene med et varmt "Velkommen til Elvekanten!"

Hver morgen ble kafeen fylt med en eklektisk gruppe faste gjester. Det var Oskar, den eldre filosofen som alltid satt ved vinduet og tenkte på de store spørsmålene i livet mens han rørte i sin kopp svart kaffe. Han var kjent for å dele visdomsord med alle som ville lytte.

På den andre siden av rommet satt Helga, en ung kunststudent med et fargerikt hår og en enda mer fargerik personlighet. Hun tegnet skisser av kafeens besøkende og sa at de var hennes største inspirasjon. Helga hadde en forkjærlighet for å skape kunst fra hverdagslige øyeblikk.

Midt i rommet satt Arne og Sara, et eldre ektepar som hadde delt et langt og kjærlig liv sammen. De kom til Elvekanten hver morgen, hvor de holdt hverandre i hånden og delte historier fra fortiden. De hadde vært vitne til Oslos utvikling i årevis og mente at Elvekanten var byens hjerte.

En varm vårdag kom det en ny gjest til Elvekanten. Han het Magnus og var en forfatter som hadde flyttet til Oslo fra Nord-Norge for å finne inspirasjon til sitt neste romanprosjekt. Han hadde hørt rykter om kafeen ved Akerselva og hadde bestemt seg for å utforske den.

Magnus var en stille og observant mann, med en evne til å trekke til seg opplevelser fra menneskene rundt seg. Han fant et rolig hjørne ved bokhyllen, hvor han kunne la tankene flyte og ideene strømme som elven utenfor.

Fru Johansen kom over til ham og presenterte seg selv. Magnus smilte og bestilte en kopp kaffe. Den første slurken av den dampende væsken vekket hans kreative ånd, og han begynte å observere de menneskene som delte dette øyeblikket med ham.

Han så på Oskar, som satt og drømte ved vinduet, og visste at han kunne finne inspirasjon til sin filosofiske hovedperson i den eldre mannen. Han observerte Helga, som lo og tegnet sitt livlige portrett av Arne og Sara. Han visste at han kunne skrive om kunstnerens lidenskap og livsglede.

Magnus ble en fast gjest på Elvekanten, og etter hvert delte han også historiene sine med de andre. Han fortalte om de arktiske nettene i Nord-Norge, om midnattssolen som aldri gikk ned, og om ensomheten som kunne fylle et menneskes hjerte når man var langt fra hjemmet sitt.

Med tiden ble Elvekanten et samlingspunkt for Oslos kunstnere og tenkere. Magnus ble kjent som kafeens poet og ble inspirert av de livlige samtalene og den rike kulturen som trivdes der. Han skrev dikt om hverdagens skjønnhet, om kjærligheten mellom Arne og Sara, og om den unge kunststudentens kreative sjel.

Kafeen ved Akerselva ble en inspirasjonskilde for hele byen. De lokale kunstnerne begynte å stille ut verkene sine på veggene, og bøker ble skapt ved kafeens bord. Kafeen ble et symbol på Oslo's sjel, et sted der mennesker fra alle samfunnslag kunne møtes, dele ideer og finne inspirasjon.

Sommeren kom til Oslo, og Akerselva glitret enda mer i sollyset. Kafeen ved bredden var et yndet sted for turister og lokalbefolkningen alike. Musikere begynte å spille på et lite hjørne av kafeen, og det ble arrangert kveldslesninger av dikt og noveller.

Magnus hadde fullført sin roman, inspirert av Elvekanten og menneskene som hadde delt sine liv med ham der. Boken ble en bestselger, og kafeen ble et reisemål for litteraturinteresserte fra hele verden.

Fru Johansen smilte bredt når hun så på hvordan kafeen hadde utviklet seg til et pulserende senter for kultur og fellesskap. Elvekanten hadde blitt mer enn bare en kafé; den var blitt hjertet av Oslo.

Årene gikk, og Elvekanten fortsatte å blomstre. Folk kom og gikk, men kafeen ved Akerselva forble en evig kilde til inspirasjon og fellesskap. Det lille kafébordet ved bokhyllen var alltid opptatt, og Magnus forble en fast gjest, nå som en anerkjent forfatter.

Historiene til menneskene i kafeen ble bøker, maleriene på veggene ble berømte, og musikken ble en del av Oslos kulturarv. Elvekanten hadde skapt et varig inntrykk på byen og menneskene som hadde delt sine liv der.

Slik ble kafeen ved Akerselva en tidløs historie om inspirasjon, kjærlighet og kunst i hjertet av Oslo, og den minnet alle om at det er i de enkle øyeblikkene, delt med gode mennesker, at livet finner sin sanne skjønnhet.

The Café by Akerselva

It was an early spring evening in Oslo, with the sun glistening on the Akerselva River, and the café by the riverside bathed in a golden glow. The fall and winter had been long and cold, but now, finally, spring had arrived in the city. It was in this refreshing season, under the gentle northern sun, that life in the little café by the river blossomed anew.

The café, affectionately known as "Elvekanten" by its regulars, was renowned for its unparalleled atmosphere. The furniture was old and worn, but it possessed a charm akin to vintage books. The walls were adorned with paintings of Oslo's old quarters, created by local artists who loved the city as much as they loved their art.

The owner of Elvekanten, Mrs. Johansen, was a friendly and vivacious woman with a penchant for serving freshly baked pastries and coffee brewed with love. Her smile was as warm as the café's wood-burning stove, and she always greeted guests with a heartfelt "Welcome to Elvekanten!"

Every morning, the café was filled with an eclectic group of regulars. There was Oskar, the elderly philosopher who always sat by the window, contemplating life's big questions while stirring his cup of black coffee. He was known for sharing words of wisdom with anyone who would listen.

On the other side of the room sat Helga, a young art student with colorful hair and an even more colorful personality. She sketched portraits of the café's visitors and claimed they were her greatest inspiration. Helga had a knack for turning everyday moments into art.

In the center of the room were Arne and Sara, an elderly couple who had shared a long and loving life together. They came to Elvekanten every morning, holding hands and sharing stories from the past. They had witnessed Oslo's development for years and believed Elvekanten was the heart of the city.

On a warm spring day, a new guest arrived at Elvekanten. His name was Magnus, a writer who had moved to Oslo from Northern Norway to find inspiration for his next novel project. He had heard rumors about the café by Akerselva and decided to explore it.

Magnus was a quiet and observant man, with an ability to draw experiences from the people around him. He found a peaceful corner near the bookshelf, where he could let his thoughts wander and ideas flow like the river outside.

Mrs. Johansen approached him and introduced herself. Magnus smiled and ordered a cup of coffee. The first sip of the steaming liquid awakened his creative spirit, and he began to observe the people sharing this moment with him.

He looked at Oskar, lost in thought by the window, and knew he could find inspiration for his philosophical protagonist in the elderly man. He observed Helga, laughing and sketching her lively portrait of Arne and Sara. He knew he could write about the artist's passion and zest for life.

Magnus became a regular at Elvekanten, and over time, he also shared his own stories. He spoke of the Arctic nights in Northern Norway, of the midnight sun that never set, and of the loneliness that could fill a person's heart when far from home.

With time, Elvekanten became a gathering place for Oslo's artists and thinkers. Magnus was known as the café's poet and was inspired by the lively conversations and rich culture thriving there. He wrote poems about the beauty of everyday life, about the love between Arne and Sara, and about the young art student's creative soul.

The café by Akerselva became a source of inspiration for the entire city. Local artists began exhibiting their works on the walls, and books were created at the café's tables. The café became a symbol of Oslo's soul, a place where people from all walks of life could meet, share ideas, and find inspiration.

Summer arrived in Oslo, and Akerselva sparkled even more in the sunlight. The café by the riverside became a favorite spot for tourists and locals alike. Musicians started playing in a small corner of the café, and evening readings of poems and short stories were organized.

Magnus had completed his novel, inspired by Elvekanten and the people who had shared their lives with him there. The book became a bestseller, and the café became a destination for literature enthusiasts from around the world.

Mrs. Johansen smiled broadly as she watched how the café had evolved into a vibrant hub of culture and community. Elvekanten had become more than just a café; it had become the heart of Oslo.

Years passed, and Elvekanten continued to flourish. People came and went, but the café by Akerselva remained a timeless source of inspiration and community. The small café table near the bookshelf was always occupied, and Magnus remained a regular, now as a recognized author.

The stories of the people in the café became books, the paintings on the walls became famous, and the music became a part of Oslo's cultural heritage. Elvekanten had made a lasting impression on the city and the people who had shared their lives there.

Thus, the café by Akerselva became a timeless tale of inspiration, love, and art at the heart of Oslo, reminding everyone that it is in the simple moments shared with good people that life finds its true beauty.

Høstens Magi

Det var en kjølig høstdag i Oslo, da bladene begynte å skifte farger og vinden bar et hint av vinter i luften. Elvekanten, kafeen ved Akerselva, hadde også forandret seg med årstiden. De gamle trestolene hadde blitt erstattet av myke sofaer og teppene hadde funnet veien ut fra lagringsrommet. Stemningen i kafeen var like hjertelig som alltid, men nå var den også litt lunere, som om den ønsket å omfavne gjestene fra den bitende høsten.

Mens høsten kom snikende, var det også en forandring i Elvekantens faste gjester. Oskar, filosofen ved vinduet, var nå dyp i en ny bok om høstens filosofi. Han delte stadig sine tanker med de unge studentene som hadde begynt å komme til kafeen.

Helga, kunststudenten, hadde funnet inspirasjon i høstens farger og hadde begynt å male vakre landskaper med røde, gule og oransje toner. Hennes lerret fylte kafeens vegger med høstens prakt.

Arne og Sara, det eldre paret, kom fortsatt hånd i hånd, men nå snakket de om tidligere høstminner. De lo mens de delte historier om løvkratt og høstturer i skogen.

En dag i begynnelsen av september kom en ny gjest inn i Elvekanten. Hun het Emma, og hun bar med seg høstens mystikk. Hennes mørke hår var som løvet som falt fra trærne, og hennes øyne hadde samme dybde som høsthimmelens stjerneklare netter.

Emma var en forfatter, og hun hadde nettopp flyttet til Oslo for å finne inspirasjon til sin neste roman. Hun følte umiddelbart en forbindelse med Elvekanten, som om stedet hadde en egen sjel som snakket til henne. Hun slo seg ned ved peisen, bestilte en kopp varm eplecider og begynte å skrive.

Mens dagene ble kortere og nettene lengre, fortsatte Emma å komme til Elvekanten. Hennes ord ble som poesi, og hun skrev om høstens fortryllende skjønnhet, om trærne som mistet sine blader og om menneskene som varmer hverandre i den kalde årstiden.

Hun ble kjent med Oskar, som delte sine egne tanker om høsten med henne. Helga ble hennes muse, og Emma skapte karakterer basert på den unge kunstnerens lidenskap for høstens farger. Arne og Sara delte sine egne høstminner, som ga Emma ideer til hjertevarmende historier om kjærlighet og livslange bånd.

Høsten var over, og vinteren nærmet seg Oslo med raske skritt. Emma hadde fullført sin roman, en hyllest til høstens skjønnhet og menneskene i Elvekanten. Boken ble en suksess, akkurat som Magnus sin tidligere roman.

Men Emma forlot ikke Elvekanten. Hun ble en del av kafeens historie, og hennes ord ble en del av dens sjel. Gjestene fortsatte å komme, og kafeen ved Akerselva fortsatte å være et sted der mennesker kunne finne inspirasjon, dele historier og føle seg hjemme.

Årene gikk, og Elvekanten fortsatte å blomstre, uansett årstid. Menneskene kom og gikk, men kafeen forble en tidløs oase av fellesskap og inspirasjon. Denne høsten var over, men den neste ville komme, og Elvekanten ville alltid være der, klar til å omfavne høstens magi på nytt.

Autumn's Magic

It was a cool autumn day in Oslo, as the leaves began to change color, and the wind carried a hint of winter in the air. Elvekanten, the café by the Akerselva River, had also transformed with the season. The old wooden chairs had been replaced with soft sofas, and the blankets had found their way out from storage. The atmosphere in the café was as warm as ever, but now it was also cozier, as if it wanted to embrace the guests from the biting autumn.

As autumn crept in, there was also a change among Elvekanten's regulars. Oskar, the philosopher by the window, was now engrossed in a new book on autumn philosophy. He continually shared his thoughts with the young students who had begun coming to the café.

Helga, the art student, had found inspiration in the colors of autumn and had started painting beautiful landscapes with red, yellow, and orange hues. Her canvases adorned the café's walls with the splendor of autumn.

Arne and Sara, the elderly couple, still came hand in hand, but now they talked about past autumn memories. They laughed as they shared stories of leaf piles and autumn walks in the woods.

One day, in early September, a new guest entered Elvekanten. Her name was Emma, and she carried the mystique of autumn with her. Her dark hair was like the leaves falling from the trees, and her eyes had the same depth as the starry autumn nights.

Emma was a writer, and she had just moved to Oslo to find inspiration for her next novel. She immediately felt a connection with Elvekanten, as if the place had a soul of its own that spoke to her. She settled by the fireplace, ordered a cup of hot apple cider, and began to write.

As the days grew shorter and the nights longer, Emma continued to come to Elvekanten. Her words became like poetry, and she wrote about the enchanting beauty of autumn, about the trees shedding their leaves, and about the people warming each other in the cold season.

She got to know Oskar, who shared his own thoughts on autumn with her. Helga became her muse, and Emma created characters based on the young artist's passion for the colors of autumn. Arne and Sara shared their own autumn memories, providing Emma with ideas for heartwarming stories of love and lifelong bonds.

Autumn had passed, and winter was approaching Oslo swiftly. Emma had completed her novel, a tribute to the beauty of autumn and the people of Elvekanten. The book became a success, just like Magnus's earlier novel.

But Emma did not leave Elvekanten. She became a part of the café's history, and her words became a part of its soul. Guests continued to come, and the café by the Akerselva River remained a place where people could find inspiration, share stories, and feel at home.

The years went by, and Elvekanten continued to flourish, regardless of the season. People came and went, but the café remained a timeless oasis of community and inspiration. This autumn was over, but the next one would come, and Elvekanten would always be there, ready to embrace the magic of autumn once again.

Julens Glede

Det var den siste dagen i november, og Oslo ble gradvis innhyllet i julestemningens magi. Snøfnuggene dalte forsiktig fra himmelen og la seg som et mykt teppe over byen. Elvekanten, kafeen ved Akerselva, hadde også forvandlet seg i takt med sesongen. Den var nå dekorert med glitrende julelys, og duften av krydderkaker og gløgg fylte luften. Kafeen hadde aldri sett mer sjarmerende ut.

Eierne, fru Johansen og hennes mann, var hjertet og sjelen i Elvekanten. De ønsket gjestene velkommen med et smil og et "God jul!" og sørget for at kafeen var et varmt og innbydende sted, spesielt i denne festlige tiden.

Elvekanten hadde fortsatt sine faste gjester, selv om mange hadde kommet og gått gjennom årene. Oskar, filosofen, satt ved sitt faste bord ved vinduet og stirret på snøen som dalte utenfor. Han reflekterte over livets gåter, og denne julen ønsket han å finne svaret på spørsmålet om den sanne betydningen av julen.

Helga, kunstneren, hadde funnet inspirasjon i julemagien. Hun malte julelandskaper som fylte kafeens vegger med varme og glede. Helga hadde alltid elsket julen, og nå ville hun fange dens skjønnhet på lerretet.

Arne og Sara, det eldste paret, kom også til Elvekanten som de hadde gjort i mange år. De hadde delt utallige juler sammen og hadde en spesiell plass i sine hjerter for denne tiden av året. De gledet seg alltid til å dele historier om julen i gamle dager med de yngre gjestene.

En ettermiddag kom det en uventet gjest inn i Elvekanten. Han var en ung mann ved navn Markus, kledd i en tynn jakke og en lue som skjulte hans forfrosne ører. Markus hadde gått seg bort i Oslos snøfylte gater og var lettet over å finne tilflukt i den varme kafeen.

Fru Johansen kom straks til ham med et smil. "Velkommen," sa hun. "Du ser ut som om du kunne trenge noe varmt å drikke."

Markus takket høflig og bestilte en kopp varm sjokolade. Han satt seg ved peisen og begynte å varme hendene rundt koppen. Den første slurken fylte ham med en følelse av velvære.

Markus hadde kommet til Oslo for å finne sin gamle barndomsvenn, Ebba. De hadde vært uatskillelige som barn, men skjebnen hadde ført dem hver sin vei da de ble eldre. Markus hadde alltid båret på et dyp savn etter vennskapet deres.

Han begynte å fortelle sin historie til fru Johansen, som lyttet med medfølelse. Markus hadde funnet et gammelt brev fra Ebba, hvor hun hadde nevnt Elvekanten som et sted hun hadde elsket som barn. Han hadde bestemt seg for å oppsøke kafeen i håp om å finne spor som kunne lede ham tilbake til henne.

Som dagene gikk, ble Elvekanten et magisk sted i julestemningens tid. Gjestene delte sine juletradisjoner og minner. Oskar begynte å holde små filosofiske samtaler om julens betydning, og Helga malte juleportretter av gjestene som de kunne ta med seg hjem som minner.

Arne og Sara delte historier fra julefeiringer i en tid da verden hadde vært enklere, men like full av kjærlighet og glede. Markus, som hadde blitt en fast gjest, lyttet til hver eneste historie, i håp om å finne spor som kunne lede ham tilbake til Ebba.

Det var kvelden før jul, og Elvekanten var fylt med lys og latter. Gjestene hadde samlet seg rundt det store bordet i midten av kafeen for å dele en julemiddag sammen. Fru Johansen hadde tilberedt et overdådig måltid, og stemningen var hjertelig og varm.

Markus hadde delt historien sin med de andre gjestene, og de hadde alle blitt engasjert i søket etter Ebba. Noen hadde kontaktet venner og bekjente, og de hadde funnet et spor som kunne lede dem til henne.

Plutselig, som om julens magi hadde hørt bønnene deres, ringte telefonen i Elvekanten. Fru Johansen svarte, og tårene strømmet nedover kinnene hennes mens hun snakket. Hun la på telefonen og snudde seg mot Markus.

"Vi har funnet henne," sa hun med et smil. "Ebba er på vei hit nå."

Markus kunne ikke tro sine egne ører. Han følte en overveldende glede og takknemlighet som fylte hele hans vesen. Gjestene rundt bordet brøt ut i jubel, og Elvekanten ble fylt med lyden av latter og glede.

En stund senere kom Ebba inn i Elvekanten. Markus reiste seg og gikk mot henne, og da de møttes, omfavnet de hverandre med tårer i øynene. Det var en rørende gjenforening, og gjestene i Elvekanten applauderte og delte deres glede.

Ebba fortalte historien om hvordan hun hadde blitt borte fra Markus på grunn av familiens flytting til en annen by. Hun hadde aldri glemt vennskapet deres og hadde alltid håpet å finne ham igjen. Da hun hadde hørt om Markus' søk i Elvekanten, hadde hun kommet tilbake til byen for å lete etter ham.

Det ble en minneverdig jul i Elvekanten, med gjestene som feiret gjenforeningen av to gamle venner. Markus og Ebba lo og gråt sammen, og Elvekanten var fylt med lyden av deres historier og latter.

Julen kom og gikk, men minnet om den spesielle julen i Elvekanten forble for alltid hos gjestene. Det var en jul preget av vennskap, kjærlighet og det uventede mirakelet av å finne hverandre igjen.

Elvekanten forble et sted av magi og samhold gjennom årene, og gjestene kom tilbake år etter år for å dele julens glede og minnes den bemerkelsesverdige julefeiringen som hadde funnet sted der.

Christmas Joy

It was the last day of November, and Oslo was gradually enveloped in the magic of Christmas. Snowflakes gently fell from the sky and covered the city like a soft blanket. Elvekanten, the café by the Akerselva River, had also transformed with the season. It was now adorned with sparkling Christmas lights, and the scent of gingerbread cookies and mulled wine filled the air. The café had never looked more charming.

The owners, Mrs. Johansen and her husband, were the heart and soul of Elvekanten. They welcomed guests with a smile and a "Merry Christmas!" and ensured that the café was a warm and inviting place, especially during this festive time.

Elvekanten still had its regulars, although many had come and gone over the years. Oskar, the philosopher, sat at his usual table by the window, gazing at the snow falling outside. He pondered the mysteries of life, and this Christmas, he wanted to find the answer to the true meaning of the holiday.

Helga, the artist, had found inspiration in the magic of Christmas. She painted Christmas landscapes that adorned the café's walls with warmth and joy. Helga had always loved Christmas, and now she wanted to capture its beauty on canvas.

Arne and Sara, the elderly couple, still came as they had for many years. They had shared countless Christmases together and held a special place in their hearts for this time of year. They always looked forward to sharing stories of Christmases past with the younger guests.

One afternoon, in early December, an unexpected guest entered Elvekanten. He was a young man named Markus, dressed in a thin jacket and a hat that hid his frostbitten ears. Markus had gotten lost in Oslo's snow-covered streets and was relieved to find refuge in the warm café.

Mrs. Johansen immediately came to him with a smile. "Welcome," she said. "You look like you could use something warm to drink."

Markus thanked her politely and ordered a cup of hot chocolate. He sat by the fireplace and began to warm his hands around the cup. The first sip filled him with a sense of comfort.

Markus had come to Oslo to find his childhood friend, Ebba. They had been inseparable as children, but fate had led them in different directions as they grew older. Markus had always carried a deep longing for their friendship.

He began to tell his story to Mrs. Johansen, who listened with compassion. Markus had found an old letter from Ebba, where she had mentioned Elvekanten as a place she had loved as a child. He had decided to visit the café in the hope of finding clues that could lead him back to her.

As the days went by, Elvekanten became a magical place during the Christmas season. Guests shared their Christmas traditions and memories. Oskar began to hold small philosophical discussions about the meaning of Christmas, and Helga painted

Christmas portraits of the guests that they could take home as keepsakes.

Arne and Sara shared stories from Christmas celebrations in a time when the world had been simpler but equally filled with love and joy. Markus, who had become a regular guest, listened to every story, hoping to find clues that could lead him back to Ebba.

It was Christmas Eve, and Elvekanten was filled with light and laughter. Guests had gathered around the large table in the center of the café to share a Christmas dinner together. Mrs. Johansen had prepared a lavish meal, and the atmosphere was warm and inviting.

Markus had shared his story with the other guests, and they had all become involved in the search for Ebba. Some had contacted friends and acquaintances, and they had found a lead that could lead them to her.

Suddenly, as if the magic of Christmas had heard their prayers, the phone in Elvekanten rang. Mrs. Johansen answered, and tears streamed down her cheeks as she spoke. She hung up the phone and turned to Markus.

"We've found her," she said with a smile. "Ebba is on her way here."

Markus couldn't believe his ears. He felt an overwhelming joy and gratitude that filled his entire being. The guests around the table erupted in cheers, and Elvekanten was filled with the sound of laughter and joy.

A while later, Ebba walked into Elvekanten. Markus stood up and walked toward her, and when they met, they embraced each other with tears in their eyes. It was a touching reunion, and the guests in Elvekanten applauded and shared in their joy.

Ebba told the story of how she had become separated from Markus due to her family's move to another city. She had never forgotten their friendship and had always hoped to find him again. When she had heard about Markus's search in Elvekanten, she had returned to the city to look for him.

It became a memorable Christmas at Elvekanten, with guests celebrating the reunion of two old friends. Markus and Ebba laughed and cried together, and Elvekanten was filled with the sound of their stories and laughter.

Christmas came and went, but the memory of the special Christmas at Elvekanten remained with the guests forever. It was a Christmas marked by friendship, love, and the unexpected miracle of finding each other again.

Elvekanten remained a place of magic and togetherness over the years, and guests returned year after year to share in the joy of Christmas and to remember the remarkable Christmas celebration that had taken place there.

Livets Tid

Det var tidlig vår i Oslo, da byen våknet til liv etter vinterens søvn. Elvekanten, kafeen ved Akerselva, var allerede i full sving med lyden av espressomaskinen som hvinte, og servitørene som forberedte kopper med dampende varm kaffe. Kafeen var et hjertevarmt møtested for mennesker fra alle hjørner av byen, og den hadde sin egen rytme som pulserte med Oslos liv.

Fru Johansen, den livlige eieren av Elvekanten, ønsket gjestene velkommen med et smil som var like varmt som vårsolen som skinte gjennom vinduene. Hun hadde vært hjernen bak kafeens suksess i mange år, og hennes kjærlighet for stedet smittet over på alle som besøkte.

Elvekanten hadde alltid hatt sine faste gjester, mennesker som hadde blitt en del av kafeens historie. Oskar, filosofen ved vinduet, var fortsatt like dedikert til å finne svar på livets store spørsmål. Han skriblet i notatbøkene sine mens han stirret ut på den langsomme strømmen i Akerselva, og han var alltid klar for en filosofisk diskusjon med andre gjester.

Helga, den yngre kunstneren, hadde utviklet seg og blitt en anerkjent maler. Hun hadde et eget galleri nå, men hun kom alltid tilbake til Elvekanten når hun trengte inspirasjon. Det var her hun hadde funnet sin lidenskap for kunst, og kafeens atmosfære hjalp henne til å holde kreativiteten i live.

Arne og Sara, det eldre paret, var fremdeles like forelsket som alltid. De hadde delt sitt liv med hverandre i mange år og kom hver morgen hånd i hånd til Elvekanten for å nyte morgenkaffen og hverandres selskap. De var en påminnelse om at kjærligheten kunne vare livet ut.

En dag i tidlig vår, kom en ung mann ved navn Daniel inn i Elvekanten. Han hadde nettopp flyttet til Oslo etter å ha bodd på landsbygda, og han var på leting etter et sted hvor han kunne finne fellesskap og inspirasjon. Elvekanten hadde blitt anbefalt av en venn, og nå satt han ved et bord nær bokhyllen, studerte menneskene rundt seg og lot stemningen synke inn.

Fru Johansen gikk bort til ham med sitt vennlige smil og spurte hvordan hun kunne hjelpe ham. Daniel bestilte en cappuccino og begynte å observere de andre gjestene. Han var en stille observatør, en som likte å ta inn omgivelsene før han begynte å delta i samtaler.

I løpet av de neste ukene ble Daniel en fast gjest i Elvekanten. Han begynte å delta i samtalene rundt det store bordet i midten av kafeen, der Oskar, Helga, Arne og Sara ofte satt. Han bidro med sitt perspektiv som en nykommer til byen, og han lærte mye om Oslos kultur og historie fra de erfarne gjestene.

Oskar delte sine tanker om livets sirkel, inspirert av vårens komme og veksten som fulgte med den. Helga begynte å male portretter av de faste gjestene, og hennes pensel fanget essensen av hver persons unike historie. Arne og Sara delte deres erfaringer fra Oslos forandring gjennom årene, og hvordan Elvekanten alltid hadde vært et fast holdepunkt for dem.

Daniel delte også sitt eget liv med de andre gjestene. Han hadde en forkjærlighet for natur og utforskning, og han begynte å organisere små utflukter med noen av dem som var interessert. Sammen utforsket de Oslos skoger og innsjøer, og vennskapene vokste i takt med vårens blomstring.

Mens våren fortsatte å blomstre, skjedde det forandringer i Elvekantens faste gjester. Helga hadde fått en stor kunstutstilling i byen, og hun var travelt opptatt med å forberede seg. Oskar begynte å bli mer opptatt av sine egne skriverier og ga sjeldnere filosofitimer i kafeen. Arne og Sara hadde dessverre mistet en nær venn og var preget av sorgen.

Daniel var der for dem alle i denne vanskelige tiden. Han støttet Helga med hennes kunstneriske utfordringer, ga Oskar råd om å sette sine tanker på papir, og satt stille sammen med Arne og Sara når de trengte noen å dele stillheten med. Elvekanten ble ikke bare et sted for inspirasjon, men også et sted for trøst og støtte.

Solen hadde nådd sitt høydepunkt på himmelen, og Oslo var innhyllet i sommerens varme. Elvekanten var et populært tilfluktssted for de som ønsket å unnslippe varmen i byen. Kafeens hage, med bord og stoler langs elvebredden, var et spesielt yndet sted.

Daniel fortsatte å være en del av Elvekanten-fellesskapet, og han begynte å hjelpe til med å arrangere musikalske kvelder i hagen. Lokale artister og musikere samlet seg for å spille, og sommernattene ble fylt med toner og latter.

Oskar begynte å skrive dikt inspirert av sommerens skjønnhet, og Helga malte naturens prakt i sine kunstverk. Arne og Sara hadde funnet ny glede i pikniker langs elvebredden, og de delte smørbrød og historier med de andre gjestene.

En varm sommerdag kom det en uventet gjest til Elvekanten. Det var en eldre kvinne ved navn Ingrid, som hadde vokst opp i nabolaget. Hun hadde ikke vært tilbake i Oslo på mange år, men hun hadde hørt om Elvekanten fra barndommen og bestemt seg for å besøke det kjære stedet på nytt.

Fru Johansen hilste Ingrid velkommen med glede og presenterte henne for de faste gjestene. Ingrid hadde et gammelt fotoalbum med seg, som hun begynte å bladre gjennom mens hun delte historier fra sin ungdom. Hun hadde bodd i nærheten av Akerselva som barn, og Elvekanten hadde vært hennes favorittsted å besøke.

Sommeren gikk raskt over til høst, og Elvekanten fulgte med på årstidens skifte. Bladene begynte å skifte farger, og det var en magisk tid ved elven. Daniel fortsatte å organisere utflukter, og nå var det soppturer og høstvandringer som sto på programmet. Elvekanten forble et sted for vennskap, kunst, filosofi og musikk, men også et sted for å hedre minner fra fortiden.

Ingrid ble en fast gjest, og hun delte gamle bilder og historier med de andre gjestene. Hun hadde funnet tilbake til sitt barndomsområde, og Elvekanten hadde blitt et symbol på hennes egen reise gjennom tid og minner. Hun følte en dyp takknemlighet for at stedet fortsatt eksisterte og kunne være en del av hennes liv igjen.

En kveld bestemte gjestene seg for å arrangere en spesiell feiring i Elvekanten for å ære vennskapet og livets gang. De pyntet kafeen med blomster og lys, og de samlet seg rundt det store bordet i midten av rommet. Daniel, Oskar, Helga, Arne, Sara, og Ingrid delte hver sin historie om hvordan Elvekanten hadde beriket deres liv.

De snakket om våren, sommeren, og nå høsten, og hvordan hver årstid hadde brakt nye opplevelser og vekst. De feiret vennskap som hadde blitt dypere med årene og minner som hadde formet dem.

Fru Johansen sto opp og sa noen ord om hva Elvekanten betydde for henne, hvordan hun hadde fått se så mange mennesker komme og gå, men også hvordan hver enkelt av dem hadde vært med på å skape kafeens unike atmosfære.

Tiden hadde gått, men Elvekanten forble uforanderlig i sitt hjertevarme fellesskap. Det var et sted der folk kunne finne inspirasjon, trøst, og vennskap i alle årstider. For Daniel, Oskar, Helga, Arne, Sara, og Ingrid var kafeen ikke bare et sted å besøke, det var et hjem.

De hadde delt livets gleder og sorger sammen, og de hadde lært at tiden var en uunngåelig del av livet. Men vennskap og minner kunne vare evig, og Elvekanten ville alltid være et sted der mennesker kom sammen for å feire livets tid.

Life's Time

It was early spring in Oslo, as the city awakened from its winter slumber. Elvekanten, the café by the Akerselva River, was already bustling with the sound of the espresso machine hissing, and the waitstaff preparing cups of steaming hot coffee. The café was a heartwarming meeting place for people from all corners of the city, and it had its own rhythm that pulsed with the life of Oslo.

Mrs. Johansen, the lively owner of Elvekanten, welcomed guests with a smile as warm as the spring sun streaming through the windows. She had been the driving force behind the café's success for many years, and her love for the place rubbed off on everyone who visited.

Elvekanten had always had its regulars, people who had become part of the café's history. Oskar, the philosopher by the window, was still as dedicated to finding answers to life's big questions. He scribbled in his notebooks while gazing out at the slow flow of the Akerselva River, always ready for a philosophical discussion with other guests.

Helga, the younger artist, had developed into a renowned painter. She had her own gallery now, but she always returned to Elvekanten when she needed inspiration. It was here that she had found her passion for art, and the café's atmosphere helped her keep her creativity alive.

Arne and Sara, the elderly couple, were still as in love as ever. They had shared their lives with each other for many years and came every morning hand in hand to Elvekanten to enjoy their morning coffee and each other's company. They were a reminder that love could last a lifetime.

One day in early spring, a young man named Daniel entered Elvekanten. He had just moved to Oslo after living in the countryside, and he was looking for a place where he could find community and inspiration. Elvekanten had been recommended by a friend, and now he sat at a table near the bookshelf, studying the people around him and soaking in the atmosphere.

Mrs. Johansen approached him with her friendly smile and asked how she could help. Daniel ordered a cappuccino and began to observe the other guests. He was a quiet observer, someone who liked to take in his surroundings before joining in conversations.

Over the next few weeks, Daniel became a regular at Elvekanten. He started joining the conversations around the large table in the middle of the café, where Oskar, Helga, Arne, and Sara often sat. He contributed his perspective as a newcomer to the city, and he learned a lot about Oslo's culture and history from the experienced guests.

Oskar shared his thoughts on the circle of life, inspired by the arrival of spring and the growth that came with it. Helga began to paint portraits of the regular guests, and her brush captured the essence of each person's unique story. Arne and Sara shared their experiences of Oslo's changes over the years and how Elvekanten had always been a steady anchor for them.

Daniel also shared his own life with the other guests. He had a love for nature and exploration, and he began organizing small outings with those interested. Together, they explored Oslo's forests and lakes, and friendships grew alongside the blossoming of spring.

While spring continued to bloom, changes occurred among Elvekanten's regular guests. Helga had received a major art exhibition in the city, and she was busy preparing for it. Oskar began to focus more on his own writings and held philosophical discussions in the café less frequently. Unfortunately, Arne and Sara had lost a close friend and were marked by grief.

Daniel was there for them all during this difficult time. He supported Helga with her artistic challenges, gave Oskar advice on putting his thoughts on paper, and sat quietly with Arne and Sara when they needed someone to share the silence with. Elvekanten became not only a place for inspiration but also a place for comfort and support.

The sun had reached its zenith in the sky, and Oslo was bathed in the warmth of summer. Elvekanten was a popular refuge for those looking to escape the city's heat. The café's garden, with tables and chairs along the riverbank, was a particularly beloved spot.

Daniel continued to be part of the Elvekanten community, and he began helping to organize musical evenings in the garden. Local artists and musicians gathered to play, and summer nights were filled with music and laughter.

Oskar started writing poems inspired by the beauty of summer, and Helga painted the grandeur of nature in her artworks. Arne and Sara found new joy in picnics along the riverbank, sharing sandwiches and stories with the other guests.

One warm summer day, an unexpected guest arrived at Elvekanten. She was an elderly woman named Ingrid, who had grown up in the neighborhood. She hadn't been back to Oslo for many years, but she had heard about Elvekanten from her childhood and decided to revisit the cherished place.

Mrs. Johansen welcomed Ingrid with joy and introduced her to the regular guests. Ingrid had brought an old photo album with her, which she began to flip through while sharing stories from her youth. She had lived near the Akerselva River as a child, and Elvekanten had been her favorite place to visit.

Summer quickly turned into autumn, and Elvekanten followed the change of seasons. The leaves began to change colors, and it was a magical time by the river. Daniel continued to organize outings, and now it was mushroom picking and autumn hikes on the agenda. Elvekanten remained a place of friendship, art, philosophy, and music, but also a place to honor memories of the past.

Ingrid became a regular guest, and she shared old photos and stories with the other guests. She had reconnected with her childhood neighborhood, and Elvekanten had become a symbol of her own journey through time and memories. She felt a deep gratitude that the place still existed and could be part of her life again.

One evening, the guests decided to organize a special celebration at Elvekanten to honor friendship and the passage of time. They decorated the café with flowers and candles and gathered around the large table in the center of the room. Daniel, Oskar, Helga, Arne, Sara, and Ingrid each shared their story of how Elvekanten had enriched their lives.

They talked about spring, summer, and now autumn, and how each season had brought new experiences and growth. They celebrated friendships that had deepened over the years and memories that had shaped them.

Mrs. Johansen stood up and spoke a few words about what Elvekanten meant to her, how she had seen so many people come and go, but also how each of them had contributed to creating the café's unique atmosphere.

Time had passed, but Elvekanten remained unchanged in its heartwarming community. It was a place where people could find inspiration, comfort, and friendship in all seasons. For Daniel, Oskar, Helga, Arne, Sara, and Ingrid, the café was not just a place to visit; it was a home.

They had shared life's joys and sorrows together, and they had learned that time was an inevitable part of life. But friendships and memories could last forever, and Elvekanten would always be a place where people came together to celebrate life's time.

Hjemkomst

———

Våren hadde så smått begynt å gjøre sitt inntog i Oslo. De første snøklokkene tittet forsiktig frem, og solen kastet sitt varme lys over byen. Elvekanten, kafeen ved Akerselva, var et hjertevarmt møtested for folk fra alle hjørner av byen. Den hadde sin helt egen rytme som pulserte med Oslolivets gang.

Fru Johansen, den livlige eieren av Elvekanten, ønsket gjestene velkommen med et smil så varmt som vårsolen som strømmet gjennom vinduene. Hun hadde vært den drivende kraften bak kafeens suksess i mange år, og hennes kjærlighet til stedet smittet over på alle som besøkte det.

Elvekanten hadde alltid hatt sine faste gjester, mennesker som hadde blitt en del av kafeens historie. Oskar, filosofen ved vinduet, var like dedikert som alltid til å finne svar på livets store spørsmål. Han skriblet i notatbøkene sine mens han stirret ut på den langsomme strømmen av Akerselva, alltid klar for en filosofisk diskusjon med de andre gjestene.

Helga, den yngre kunstneren, hadde utviklet seg til en anerkjent maler. Hun hadde nå sitt eget galleri, men hun kom alltid tilbake til Elvekanten når hun trengte inspirasjon. Det var her hun hadde funnet sin lidenskap for kunsten, og kafeens atmosfære hjalp henne med å holde kreativiteten i live.

Arne og Sara, det eldre ekteparet, var fortsatt like forelsket som alltid. De hadde delt livene sine med hverandre i mange år og kom hver morgen hånd i hånd til Elvekanten for å nyte morgenkaffen og hverandres selskap. De var en påminnelse om at kjærlighet kunne vare livet ut.

En dag tidlig på våren kom en ung kvinne ved navn Maria inn i Elvekanten. Hun var iført en regnjakke og bar på en båndløs hund som logret med halen og hilste ivrig på alle som kom i nærheten. Maria var et nytt ansikt i kafeen, men hun så ut som om hun hadde kjent stedet i årevis.

Fru Johansen hilste Maria velkommen og spurte om hun ønsket noe å drikke. Maria takket og bestilte en kopp te før hun satte seg ved et bord i nærheten av vinduet. Hunden, som hun kalte Bruno, la seg til rette ved føttene hennes.

Det tok ikke lang tid før Maria begynte å fortelle sin historie til de faste gjestene ved Elvekanten. Hun hadde funnet Bruno på gaten for noen uker siden, hjemløs og forlatt. Han hadde vært tynn og redd, og Maria hadde bestemt seg for å ta ham inn og gi ham et hjem.

Maria hadde lett etter Brunos eiere, men hun hadde ikke klart å finne noen spor. Hun hadde falt pladask for den trofaste hunden, og nå ønsket hun å gi ham et kjærlig hjem. Maria hadde alltid drømt om å ha en hund, og nå hadde hun funnet sin firbente venn.

Bruno ble raskt en kjær del av Elvekanten-familien. Han elsket å hilse på gjestene og ble raskt venner med både Oskar, Helga, Arne og Sara. Han la seg ofte ved peisen og nøt den varme atmosfæren i kafeen.

Men det var noe spesielt med Bruno som gjorde ham til en uvanlig gjest. Han hadde en egen evne til å forstå og trøste mennesker som trengte det. Ofte kunne han bli funnet ved siden av gjester som hadde en dårlig dag, og han la sitt hode på fanget deres som om han visste at de trengte trøst.

Sommeren kom og gikk, og Bruno ble et fast innslag ved Elvekanten. Han ble elsket av alle, og han hadde en spesiell plass i hjertene til gjestene. Maria og Bruno tilbrakte mange lykkelige timer sammen ved elvebredden og delte gleden over å ha funnet hverandre.

Men sommeren tok med seg en uventet sorg. En dag ble Bruno plutselig alvorlig syk, og Maria måtte ta den hjerteskjærende avgjørelsen om å la ham få slippe. Gjestene ved Elvekanten var knuste av sorg sammen med henne.

Elvekanten arrangerte en minnehøytidelighet for Bruno ved elvebredden, der gjestene delte sine minner om den kjærlige hunden. Oskar holdt en liten tale om viktigheten av å sette pris på de gode øyeblikkene i livet og minnes kjæledyrene som hadde beriket det.

Etter Brunos bortgang ble det en tom plass ved Elvekanten som ikke kunne fylles. Maria, som hadde delt så mange minner med hunden ved elvebredden, følte et stort savn. Gjestene støttet henne i hennes sorg og la merke til hvordan stedet hadde forandret seg uten Brunos glade tilstedeværelse.

Maria begynte å komme sjeldnere til Elvekanten, og stedet mistet noe av sin tidligere livlighet. Det var som om en del av sjelen til kafeen hadde blitt borte med Bruno.

Høsten begynte å gjøre sitt inntog, og Elvekanten fulgte med på naturens skifte. Bladene begynte å skifte farger, og elvebredden ble et magisk sted å være. Oskar fortsatte å organisere filosofiske samtaler, Helga malte kunstverk som fanget årstidens skjønnhet, og Arne og Sara nøt fortsatt sine morgenstunder sammen.

En ettermiddag i oktober skjedde det noe uventet. Maria kom tilbake til Elvekanten, men hun var ikke alene. Hun hadde med seg en ny hund, en liten valp som hun hadde adoptert fra et lokalt dyrehjem. Valpen var livlig og nysgjerrig, og den hilste ivrig på gjestene.

Gjestene stirret forbauset på Maria og den lille valpen. Det var som om et nytt kapittel ble åpnet ved Elvekanten. Valpen hadde en glimt i øyet som minnet dem om Bruno, og selv om han aldri kunne erstatte den elskede hunden, brakte han nytt liv til kafeen.

Maria døpte den lille valpen til "Leo", og han ble raskt en fast innslått ved Elvekanten. Han ble venner med de faste gjestene og la sitt eget preg på stedet. Han ble også en trøst for Maria i sorgen over å ha mistet Bruno.

Elvekanten fortsatte å være et sted der livets sirkel gikk videre. Selv om Bruno ikke lenger var der, ble minnene om ham delt og æret. Leo, den livlige valpen, representerte kontinuiteten i livet og minnet alle om viktigheten av å omfavne nye muligheter og gjenopplive gamle minner.

En dag, noen måneder senere, skjedde det noe som ingen hadde forventet. Maria satt ved vinduet ved Elvekanten, og Leo lå ved føttene hennes. Plutselig hørte hun en velkjent bjeff utenfor kafeen. Hun reiste seg raskt og åpnet døren.

Der sto Bruno, eller i det minste en hund som så ut til å være en kopi av ham. Han var tynn og litt skitten, men det var ingen tvil om at det var Bruno. Han logret med halen og hoppet opp mot Maria, som brast ut i tårer av glede.

Gjestene ved Elvekanten kunne ikke tro sine øyne da de så Bruno og Leo leke sammen ved elvebredden. Det var som om en mirakuløs gjenforening hadde funnet sted. Maria hadde aldri gitt opp håpet om å finne Bruno, og nå hadde de fått en ny sjanse til å være sammen.

Gjestene ved Elvekanten organiserte en stor feiring for Bruno og Leo. Det ble en hjertevarmende dag ved elvebredden, der de to hundene lekte og utforsket sammen. Det var en påminnelse om at kjærlighet og bånd mellom mennesker og dyr kunne overvinne avstand og tid.

Mens gjestene satt sammen og så på hundene leke, ble de minnet om viktigheten av å sette pris på de små øyeblikkene i livet. Bruno hadde funnet veien tilbake til Elvekanten, og han hadde gjenforenet menneskene som hadde elsket ham.

Tiden gikk, men Elvekanten forble uforandret i sin hjertevarme atmosfære. Det var et sted der folk kom sammen for å feire livet og minne om kjærligheten og vennskapet som hadde ført Bruno hjem igjen.

Leo og Bruno ble uatskillelige venner, og de to hundene fortsatte å bringe glede til både Maria og de faste gjestene. De lærte at selv om livet kunne være uforutsigbart og fylt med sorg, kunne det også bringe uventede gleder og mirakler.

Elvekanten var et sted der historier ble fortalt og minner ble delt, og det ville alltid være et sted der kjærlighet og vennskap blomstret langs elvebredden.

42

The Homecoming

Spring had slowly begun to make its presence felt in Oslo. The first snowdrops were timidly peeking through, and the sun cast its warm light over the city. Elvekanten, the café by the Akerselva River, was a heartwarming meeting place for people from all corners of the city. It had its own rhythm that pulsated with the flow of Oslo life.

Mrs. Johansen, the lively owner of Elvekanten, welcomed guests with a smile as warm as the spring sun streaming through the windows. She had been the driving force behind the café's success for many years, and her love for the place infected everyone who visited it.

Elvekanten always had its regulars, people who had become a part of the café's history. Oskar, the philosopher by the window, was as dedicated as ever to finding answers to life's big questions. He scribbled in his notebooks while gazing out at the slow flow of the Akerselva River, always ready for a philosophical discussion with the other guests.

Helga, the young artist, had evolved into a renowned painter. She now had her own gallery, but she always returned to Elvekanten when she needed inspiration. It was here that she had found her passion for art, and the café's atmosphere helped her keep her creativity alive.

Arne and Sara, the elderly couple, were still as in love as ever. They had shared their lives with each other for many years and came to Elvekanten hand in hand every morning to enjoy their morning coffee and each other's company. They were a reminder that love could last a lifetime.

One day in early spring, a young woman named Maria entered Elvekanten. She was wearing a raincoat and was carrying a leashless dog that wagged its tail and eagerly greeted anyone who came near. Maria was a new face in the café, but she looked as if she had known the place for years.

Mrs. Johansen welcomed Maria and asked if she wanted something to drink. Maria thanked her and ordered a cup of tea before sitting at a table near the window. The dog, whom she called Bruno, settled down at her feet.

It didn't take long before Maria started sharing her story with the regulars at Elvekanten. She had found Bruno on the street a few weeks ago, homeless and abandoned. He had been thin and scared, and Maria had decided to take him in and give him a home.

Maria had been searching for Bruno's owners, but she hadn't been able to find any leads. She had fallen in love with the faithful dog, and now she wanted to give him a loving home. Maria had always dreamed of having a dog, and now she had found her four-legged friend.

Bruno quickly became a beloved part of the Elvekanten family. He loved to greet the guests and quickly became friends with both Oskar, Helga, Arne, and Sara. He often lay by the fireplace and enjoyed the warm atmosphere of the café.

But there was something special about Bruno that made him an unusual guest. He had a unique ability to understand and comfort people in need. Often, he could be found next to guests who were having a bad day, and he would lay his head in their laps as if he knew they needed comfort.

Summer came and went, and Bruno became a regular fixture at Elvekanten. He was loved by all, and he had a special place in the hearts of the guests. Maria and Bruno spent many happy hours together by the riverbank, sharing the joy of having found each other.

But summer brought an unexpected sadness. One day, Bruno suddenly became seriously ill, and Maria had to make the heart-wrenching decision to let him go. The guests at Elvekanten were devastated with grief, along with her.

Elvekanten organized a memorial ceremony for Bruno by the riverbank, where the guests shared their memories of the beloved dog. Oskar gave a small speech about the importance of cherishing the good moments in life and remembering the pets that had enriched it.

After Bruno's passing, there was an empty space at Elvekanten that couldn't be filled. Maria, who had shared so many memories with the dog by the riverbank, felt a great loss. The guests supported her in her grief and noticed how the place had changed without Bruno's cheerful presence.

Maria began to visit Elvekanten less frequently, and the place lost some of its former liveliness. It was as if a part of the café's soul had been lost with Bruno.

Autumn began to make its entrance, and Elvekanten followed the change of seasons. The leaves started to change colors, and the riverbank became a magical place to be. Oskar continued to organize philosophical discussions, Helga painted artworks that captured the beauty of the season, and Arne and Sara still enjoyed their morning moments together.

One afternoon in October, something unexpected happened. Maria returned to Elvekanten, but she was not alone. She had brought a new dog with her, a small puppy she had adopted from a local animal shelter. The puppy was lively and curious, and it eagerly greeted the guests.

The guests stared in amazement at Maria and the little puppy. It was as if a new chapter was being opened at Elvekanten. The puppy had a twinkle in its eye that reminded them of Bruno, and while he could never replace the beloved dog, he brought new life to the café.

Maria named the little puppy "Leo," and he quickly became a regular at Elvekanten. He became friends with the regulars and left his own mark on the place. He also provided comfort to Maria in her grief over losing Bruno.

Elvekanten continued to be a place where the circle of life carried on. Even though Bruno was no longer there, memories of him were shared and honored. Leo, the lively puppy, represented the continuity of life and reminded everyone of the importance of embracing new opportunities and reviving old memories.

One day, a few months later, something happened that no one had expected. Maria sat by the window at Elvekanten, and Leo lay at her feet. Suddenly, she heard a familiar bark outside the café. She quickly got up and opened the door.

There stood Bruno, or at least a dog that looked like a copy of him. He was thin and a bit dirty, but there was no doubt that it was Bruno. He wagged his tail and jumped up to Maria, who burst into tears of joy.

The guests at Elvekanten couldn't believe their eyes as they saw Bruno and Leo playing together by the riverbank. It was as if a miraculous reunion had taken place. Maria had never given up hope of finding Bruno, and now they had been given a new chance to be together.

The guests at Elvekanten organized a big celebration for Bruno and Leo. It was a heartwarming day by the riverbank, where the two dogs played and explored together. It was a reminder that love and bonds between people and animals could overcome distance and time.

As the guests sat together and watched the dogs play, they were reminded of the importance of cherishing the small moments in life. Bruno had found his way back to Elvekanten, and he had reunited the people who had loved him.

Time passed, but Elvekanten remained unchanged in its heartwarming atmosphere. It was a place where people came together to celebrate life and remember the love and friendship that had brought Bruno back home.

Leo and Bruno became inseparable friends, and the two dogs continued to bring joy to both Maria and the regulars. They learned that even though life could be unpredictable and filled with sorrow, it could also bring unexpected joys and miracles.

Elvekanten was a place where stories were told and memories were shared, and it would always be a place where love and friendship flourished along the riverbank.

Fortellingen om Sjelen i Elvekanten

Elvekanten ved Akerselva hadde alltid vært en spesiell plass. Kafeen hadde sin egen sjel, en varm og hjertelig atmosfære som omfavnet gjestene med åpne armer. Det var en kjærkommen oase midt i Oslo, hvor livet gikk i sitt eget rolige tempo.

Eieren, fru Johansen, sto alltid ved døren og ønsket gjestene velkommen med et smil som kunne smelte is. Hun kjente stamgjestene ved navn og hadde en unik evne til å forutse hvilken kopp kaffe eller te de ønsket. Elvekanten var ikke bare en kafé; det var et hjem borte fra hjemmet.

En kald vinterdag, da snøen falt som myke fjær, kom det en uventet gjest til Elvekanten. Det var en ung mann ved navn Nikolai, som var kledd i en tynn jakke som ikke klarte å holde kulden ute. Han hadde vandret gatene i Oslo og hadde til slutt funnet veien til kafeen ved elven.

Nikolai trådte inn i kafeen, og det var som om tiden stoppet et øyeblikk. Han var fremmed, men samtidig velkommen. Han satte seg ved et ledig bord og forsøkte å varme hendene rundt en kopp varm sjokolade. Det var tydelig at han hadde behov for varme og trøst.

Fru Johansen hadde en intuitiv evne til å forstå når noen trengte hjelp. Hun gikk bort til Nikolai og la en varm hånd på skulderen hans. "Velkommen til Elvekanten," sa hun med et smil. "Du ser kald ut. Vil du ha en suppe for å varme deg?"

Nikolai takket henne hjertelig og nikket. Han hadde ikke spist på flere dager og var sulten. Fru Johansen gikk inn på kjøkkenet og kom tilbake med en varm bolle med suppe og et smørbrød. Nikolai nøt hvert eneste munnfull.

Etter å ha spist, begynte Nikolai å prate med fru Johansen. Han fortalte henne om livet sitt, om hvordan han hadde kommet til Oslo i håp om å finne arbeid og en ny start. Men ting hadde ikke gått som planlagt, og han hadde funnet seg selv hjemløs og sulten på gatene.

Fru Johansen, som hadde en inderlig omsorg for mennesker i nød, bestemte seg for å hjelpe Nikolai. Hun visste at han ikke kunne fortsette å bo på gaten i den kalde vinteren. Hun ringte til et av byens herberger og ordnet et midlertidig sted for ham å bo.

Nikolai var overveldet av hennes vennlighet og takket henne gang på gang. Han hadde ikke forventet å finne hjelp og medfølelse på en fremmed kafé i en fremmed by. Fru Johansen var som en engel som hadde kommet til hans redning.

Dagene gikk, og Nikolai fortsatte å besøke Elvekanten. Han hadde funnet et midlertidig hjem, men han hadde fremdeles en lang vei å gå for å komme på fote igjen. Han hjalp til rundt kafeen, ryddet bord og vasket opp som en gest av takknemlighet.

En kveld, da kafeen var spesielt rolig, gikk Nikolai bort til fru Johansen med en brett i hendene. "Dette er en gave til deg," sa han og åpnet lokket på brettet. Der lå det en vakker, håndskåret trefigur av en kvinne som satt ved et piano. Figuren strålte av håndverk og omtanke.

Fru Johansen var rørt til tårer. Hun visste at denne gaven ikke bare var et stykke kunst, men et uttrykk for Nikolais takknemlighet for å ha blitt reddet fra kulden og sulten. Hun tok imot gaven med et varmt smil og sa: "Dette er den vakreste gaven jeg noen gang har fått."

Det viste seg at Nikolai hadde en spesiell kjærlighet for musikk. Han kunne spille flere instrumenter og hadde en stemme som kunne berøre hjertet til alle som hørte ham synge. En kveld, da Elvekanten var fylt med gjester, spurte noen om han kunne synge en sang.

Nikolai nikket og gikk bort til det gamle pianoet som sto i hjørnet av kafeen. Han satte seg ned ved pianoet, lukket øynene, og begynte å spille en vakker melodi. Tonene fylte rommet som en varm bris, og gjestene ble stille, fanget av musikkens magi.

Mens han sang, kunne man se følelsene i hvert eneste ord. Det var som om han hadde funnet en måte å uttrykke alle sine opplevelser, både de gode og de vanskelige, gjennom sangen. Han rørte hjertene til alle som var til stede den kvelden.

Nikolais musikk ble en fast del av Elvekantens atmosfære. Han begynte å spille regelmessig, og folk kom fra hele byen for å høre ham synge. Hans sang berørte sjelene til gjestene og skapte en følelse av fellesskap og glede i kafeen.

I løpet av denne tiden ble Nikolai også kjent med de faste gjestene ved Elvekanten. Han ble venner med Oskar, filosofen ved vinduet, og diskuterte dype spørsmål om livet og skjebnen. Han fant inspirasjon hos Helga, kunstneren, som begynte å male et portrett av ham mens han spilte piano.

Nikolai ble en del av Elvekantens historie, og kafeen ble en del av hans. Han hadde funnet et hjem og en familie i hjertet av Oslo, og han visste at han aldri ville glemme den kjærligheten og vennskapet han hadde funnet på denne varme og hjertelige plassen ved Akerselva.

The Tale of the Soul in Elvekanten

Elvekanten by the Akerselva had always been a special place. The café had its own soul, a warm and welcoming atmosphere that embraced guests with open arms. It was a welcome oasis in the midst of Oslo, where life moved at its own leisurely pace.

The owner, Mrs. Johansen, always stood at the door, welcoming guests with a smile that could melt ice. She knew the regulars by name and had a unique ability to anticipate which cup of coffee or tea they desired. Elvekanten was not just a café; it was a home away from home.

On a cold winter day, when the snow fell like soft feathers, an unexpected guest arrived at Elvekanten. It was a young man named Nikolai, dressed in a thin jacket that couldn't keep out the cold. He had wandered the streets of Oslo and had eventually found his way to the café by the river.

Nikolai entered the café, and it was as if time stopped for a moment. He was a stranger, yet he felt welcomed. He sat down at an empty table and tried to warm his hands around a cup of hot chocolate. It was clear that he needed warmth and comfort.

Mrs. Johansen had an intuitive ability to understand when someone needed help. She approached Nikolai and placed a warm hand on his shoulder. "Welcome to Elvekanten," she said with a smile. "You look cold. Would you like some soup to warm up?"

Nikolai thanked her warmly and nodded. He hadn't eaten for several days and was hungry. Mrs. Johansen went into the kitchen and returned with a hot bowl of soup and a sandwich. Nikolai savored every mouthful.

After eating, Nikolai began to talk to Mrs. Johansen. He told her about his life, about how he had come to Oslo in hopes of finding work and a fresh start. But things hadn't gone as planned, and he had found himself homeless and hungry on the streets.

Mrs. Johansen, who had a deep compassion for people in need, decided to help Nikolai. She knew he couldn't continue to live on the streets in the cold winter. She called one of the city's shelters and arranged a temporary place for him to stay.

Nikolai was overwhelmed by her kindness and thanked her repeatedly. He had not expected to find help and compassion in a foreign café in a foreign city. Mrs. Johansen was like an angel who had come to his rescue.

Days went by, and Nikolai continued to visit Elvekanten. He had found a temporary home, but he still had a long way to go to get back on his feet. He helped around the café, clearing tables and doing the dishes as a gesture of gratitude.

One evening, when the café was particularly quiet, Nikolai approached Mrs. Johansen with a tray in his hands. "This is a gift for you," he said and opened the lid of the tray. Inside lay a beautiful, hand-carved wooden figurine of a woman sitting at a piano. The figure radiated craftsmanship and thoughtfulness.

Mrs. Johansen was moved to tears. She knew that this gift was not just a piece of art but an expression of Nikolai's gratitude for being saved from the cold and hunger. She accepted the gift with a warm smile and said, "This is the most beautiful gift I have ever received."

It turned out that Nikolai had a special love for music. He could play several instruments and had a voice that could touch the hearts of anyone who heard him sing. One evening, when Elvekanten was filled with guests, someone asked if he could sing a song.

Nikolai nodded and went to the old piano in the corner of the café. He sat down at the piano, closed his eyes, and began to play a beautiful melody. The notes filled the room like a warm breeze, and the guests fell silent, captivated by the magic of the music.

As he sang, you could see the emotions in every word. It was as if he had found a way to express all his experiences, both good and difficult, through song. He touched the hearts of everyone present that evening.

Nikolai's music became a regular part of Elvekanten's atmosphere. He began to play regularly, and people came from all over the city to hear him sing. His singing touched the souls of the guests and created a sense of community and joy in the café.

During this time, Nikolai also got to know the regulars at Elvekanten. He became friends with Oskar, the philosopher by the window, and discussed deep questions about life and destiny.

He found inspiration from Helga, the artist, who started painting a portrait of him while he played the piano.

Nikolai became a part of Elvekanten's history, and the café became a part of his. He had found a home and a family in the heart of Oslo, and he knew that he would never forget the love and friendship he had found in this warm and welcoming place by the Akerselva River.

Melodier fra Elvekanten

Våren hadde igjen begynt å smyge seg inn over Oslo. Snøen smeltet, og de første vårblomstene tittet forsiktig frem. Elvekanten, kafeen ved Akerselva, var som alltid en varm og hjertelig oase i byens pulserende rytme. Solen strålte inn gjennom vinduene, og den vekket liv i kaféens interiør.

Fru Johansen, kafeens elskverdige eier, sto ved døren med et smil som var like varmt som vårsolen. Hun hadde vært hjertet av kafeen i mange år, og hennes kjærlighet til stedet smittet over på alle som kom inn døren.

Elvekanten hadde alltid sine faste gjester, mennesker som hadde blitt en uunnværlig del av kafeens historie. Det var Oskar, filosofen ved vinduet, som fortsatt lette etter svar på livets store spørsmål og alltid var klar for en filosofisk samtale med de andre gjestene.

Helga, den unge kunstneren, hadde utviklet seg til å bli en anerkjent maler. Hun hadde nå sitt eget galleri, men kom alltid tilbake til Elvekanten når hun trengte inspirasjon. Det var her hun hadde funnet sin lidenskap for kunst, og kafeens atmosfære hjalp henne med å bevare sin kreativitet.

Arne og Sara, det eldre paret, var like forelsket som alltid. De hadde delt livet sammen i mange år og kom hver morgen til Elvekanten, hånd i hånd, for å nyte sin morgenkaffe og hverandres selskap. De var en påminnelse om at kjærlighet kunne vare livet ut.

En dag i tidlig vår, da solen kastet sitt milde lys over Oslo, satt Helga ved vinduet og malte en vakker vårlig scene. Hun hadde alltid funnet inspirasjon ved Akerselva, og denne dagen var intet unntak. Lyden av den forsiktig flytende elven hadde en beroligende effekt på henne.

Mens hun malte, hørte hun plutselig en velkjent melodi som strømmet fra pianoet i hjørnet av kafeen. Melodien var kjent for henne, men den hadde et hint av nostalgi som rørte ved hjertet hennes. Hun la fra seg penselen og gikk forsiktig bort til pianoet.

Ved pianoet satt en eldre mann med hvitt hår og rynker som vitnet om et langt liv. Han spilte en melodi som hadde en kjærlig varme, men også et snev av melankoli. Han var helt oppslukt i musikken, og øynene hans var lukket mens fingrene danset over tangentene.

Helga hadde aldri sett denne mannen i Elvekanten før. Hun lurte på hvem han var og hva som hadde ført ham hit denne dagen. Melodien han spilte, hadde en magisk tiltrekning som trakk henne nærmere. Hun satte seg ved pianoet og lyttet til tonene som vevde seg sammen som en historie.

Etter at mannen hadde fullført melodiens siste toner, åpnet han øynene og så på Helga med et varmt smil. "Takk," sa han. "Denne melodien har vært en del av mitt liv i mange år, men jeg har ikke spilt den for noen på lenge."

Helga smilte tilbake og spurte forsiktig: "Hva heter melodien? Den er så vakker."

Mannen tenkte seg om et øyeblikk før han svarte: "Den heter 'Melodi av Minner'. Den minner meg om en tid da musikk var min beste venn og Akerselva var mitt favorittsted å komponere."

Helga ble nysgjerrig på mannen og spurte om han hadde komponert andre sanger. Han nikket og begynte å dele historier om sitt liv som en komponist og musiker. Han hadde reist verden rundt, men Oslo hadde alltid vært hans hjem.

Det viste seg at mannen het Lars og hadde vært en fast gjest på Elvekanten for mange år siden. Han hadde spilt piano her i årevis, og kafeen hadde vært hans andre hjem. Men etter hvert hadde livets forpliktelser ført ham bort, og han hadde ikke besøkt stedet på mange år.

Møtet med Helga og pianoet hadde vekket gamle minner til live, og Lars følte en uimotståelig trang til å komme tilbake til Elvekanten. Han hadde alltid følt seg som en del av stedets sjel, og nå var han tilbake for å bli.

Da Lars kom tilbake til Elvekanten som en fast gjest, ble han ønsket velkommen med åpne armer av fru Johansen og de andre stamgjestene. Kafeen hadde alltid vært et sted der mennesker kom sammen for å dele sine historier, og Lars hadde mange historier å fortelle.

Hver dag satt han ved pianoet og spilte sine egne komposisjoner, og hans musikk ble en del av kafeens sjel. Gjestene elsket å høre på ham spille, og musikken hans ble en kilde til glede og inspirasjon for alle som besøkte Elvekanten.

Lars hadde funnet sitt andre hjem ved Akerselva, og han visste at han aldri ville forlate kafeen igjen. Han hadde gjenfunnet en gammel vennskap og en kjær melodi fra fortiden, og han visste at fremtiden ved Elvekanten ville være fylt med harmoni og hjertevarme.

Melodies from Elvekanten

———

Spring had once again begun to gently make its presence felt in Oslo. The snow melted, and the first spring flowers timidly peeked through. Elvekanten, the café by the Akerselva River, remained a warm and inviting oasis in the midst of the city's bustling rhythm. The sun streamed in through the windows, awakening life within the café's interior.

Mrs. Johansen, the café's gracious owner, stood by the door with a smile as warm as the spring sun. She had been the heart of the café for many years, and her love for the place was infectious to all who entered.

Elvekanten always had its regulars, people who had become an indispensable part of the café's history. There was Oskar, the philosopher by the window, who continued his quest for answers to life's big questions and was always ready for a philosophical discussion with other guests.

Helga, the young artist, had evolved into a renowned painter. She now had her own gallery, but she always returned to Elvekanten when she needed inspiration. It was here that she had found her passion for art, and the café's atmosphere helped her preserve her creativity.

Arne and Sara, the elderly couple, were as in love as ever. They had shared their lives together for many years and came every morning to Elvekanten, hand in hand, to enjoy their morning coffee and each other's company. They were a reminder that love could last a lifetime.

One day in early spring, as the sun cast its gentle light over Oslo, Helga sat by the window, painting a beautiful spring scene. She had always found inspiration by Akerselva, and this day was no exception. The sound of the gently flowing river had a soothing effect on her.

While she painted, she suddenly heard a familiar melody flowing from the piano in the corner of the café. The melody was familiar to her, but it had a hint of nostalgia that touched her heart. She put down her brush and approached the piano.

At the piano sat an older man with white hair and wrinkles that spoke of a long life. He played a melody that had a loving warmth but also a touch of melancholy. He was completely absorbed in the music, and his eyes were closed as his fingers danced over the keys.

Helga had never seen this man in Elvekanten before. She wondered who he was and what had brought him here on this day. The melody he played had a magnetic pull that drew her closer. She sat down at the piano and listened to the notes weaving together like a story.

After the man had finished the melody's final notes, he opened his eyes and looked at Helga with a warm smile. "Thank you," he said. "This melody has been a part of my life for many years, but I haven't played it for anyone in a long time."

Helga smiled back and asked gently, "What is the name of the melody? It's so beautiful."

The man thought for a moment before replying, "It's called 'Melody of Memories.' It reminds me of a time when music was my best friend, and Akerselva was my favorite place to compose."

Helga became curious about the man and asked if he had composed other songs. He nodded and began to share stories of his life as a composer and musician. He had traveled the world, but Oslo had always been his home.

It turned out that the man's name was Lars, and he had been a regular guest at Elvekanten many years ago. He had played the piano there for years, and the café had been his second home. But over time, life's obligations had pulled him away, and he hadn't visited the place in many years.

His meeting with Helga and the piano had awakened old memories, and Lars felt an irresistible urge to return to Elvekanten. He had always felt like a part of the café's soul, and now he was back to stay.

When Lars returned to Elvekanten as a regular guest, he was welcomed with open arms by Mrs. Johansen and the other regulars. The café had always been a place where people came together to share their stories, and Lars had many stories to tell.

Every day, he sat at the piano and played his own compositions, and his music became a part of the café's soul. The guests loved listening to him play, and his music became a source of joy and inspiration for everyone who visited Elvekanten.

Lars had found his second home by Akerselva, and he knew he would never leave the café again. He had rediscovered an old friendship and a cherished melody from the past, and he knew that the future at Elvekanten would be filled with harmony and warmth.